BEI GRIN MACHT SICH IHR
WISSEN BEZAHLT

- Wir veröffentlichen Ihre Hausarbeit,
  Bachelor- und Masterarbeit

- Ihr eigenes eBook und Buch -
  weltweit in allen wichtigen Shops

- Verdienen Sie an jedem Verkauf

Jetzt bei www.GRIN.com hochladen
und kostenlos publizieren

Dana Michaelis

Judith Butlers Psyche der Macht. Das Subjekt der Unterwerfung

GRIN Verlag

Bibliografische Information der Deutschen Nationalbibliothek:

Die Deutsche Bibliothek verzeichnet diese Publikation in der Deutschen National-
bibliografie; detaillierte bibliografische Daten sind im Internet über http://dnb.d-
nb.de/ abrufbar.

Impressum:

Copyright © 2010 GRIN Verlag GmbH
Druck und Bindung: Books on Demand GmbH, Norderstedt Germany
ISBN: 978-3-656-50131-2

Dieses Buch bei GRIN:

http://www.grin.com/de/e-book/233512/judith-butlers-psyche-der-macht-das-subjekt-
der-unterwerfung

GRIN - Your knowledge has value

Der GRIN Verlag publiziert seit 1998 wissenschaftliche Arbeiten von Studenten, Hochschullehrern und anderen Akademikern als eBook und gedrucktes Buch. Die Verlagswebsite www.grin.com ist die ideale Plattform zur Veröffentlichung von Hausarbeiten, Abschlussarbeiten, wissenschaftlichen Aufsätzen, Dissertationen und Fachbüchern.

Besuchen Sie uns im Internet:

http://www.grin.com/

http://www.facebook.com/grincom

http://www.twitter.com/grin_com

Judith Butlers Psyche der Macht

Das Subjekt der Unterwerfung

Über Foucault hinausgehend will Butler nun zeigen, dass die Theorie der Macht und die Theorie der Psyche, die wir beim Referat zuvor vorgestellt bekommen haben, einander erhellen und befruchten können. Ihr zentraler Bezugspunkt bleibt dabei jedoch stets Foucault, an dessen Theorie der Subjektgenese sie eine psychoanalytisch begründete Kritik oder eine Korrektur vornimmt, da sich die Subjektivation - vor allem der Vorgang, bei dem das Subjekt zum "Prinzip seiner eigenen Unterwerfung" wird nur mit Hilfe einer psychoanalytischen Erklärung der "formativen und generativen Wirkungen von Restriktion" verstehen lasse. Ihre Ansatzpunkte dazu möchten wir nun vorstellen:

Kapitel 2: Zirkel des Schlechten Gewissens

Nietzsche und Freud

Für Nietzsche ist das Gewissen zu verstehen als geistige Aktivität, als notwendige Fiktion, die durch eine eigene schöpferische Art von Verinnerlichung geformt wird und ohne die das Subjekt nicht existieren kann. Nietzsche differenziert zwischen Gewissen und schlechtem Gewissen, wo der Wille sich auf sich selbst zurückwendet.

Gewissen schafft also das Subjekt und legt gewisse Schranken fest. Beim schlechten Gewissen richtet sich die psychische Gewalt gegen sich selbst.

Freud hingegen definiert Gewissen als Kraft eines Verlangens, zeitweise als Kraft einer Aggression und das Verbot stellt für ihn eine Operation des Begehrens dar, als leidenschaftliches Verhaftetsein, das die Rückwendung auf sich selbst annimmt.

Ich begehre das, was verboten ist.

Für Butler stellt sich nun die Frage wie wir diesen Willen und das Begehren, die sich auf sich selbst zurückwenden, zu verstehen haben. Diese Rückwendung gegen sich selbst könnte für sie als eine Art von Gewalt bezeichnet werden. Das würde jedoch ihrer Meinung nach bedeuten:

Zitat S. 64:

…"dass das Subjekt, das sich der Gewalt entgegenstellt, auch der Gewalt gegen sich selbst, seinerseits schon ein Effekt einer vorhergehenden Gewalt ist, ohne die das Subjekt gar nicht hätte entstehen können."

Ohne Gewalt kein Subjekt und ohne Subjekt gibt's keine Gewalt. Mit dem Gewissen tue ich mir selbst Zwang an und mit dem Widerstand gegen das Gewissen übe ich ebenfalls Gewalt an mir aus. → **Zirkel**

Für sie definiert sich das Ganze als eine Art Zirkel, der die Frage aufruft, wie dieser sich durchbrechen ließe, in dem der Wille das Subjekt in Fesseln legt. Butler sieht diese Rückwendung auf sich selbst als eine Art leidenschaftliche Befreiung des Selbst von jeglichen Kontrollen. Es ist kein von allen Fesseln befreiter Wille, sondern eine Art formgebende Macht, ein Ort, an welchem das Soziale oder Gesellschaftliche das Psychische als seine Gestaltung und Gestaltungskraft einbezieht. Wie bereits beim Vortrag zuvor erwähnt haben wir Verdrängung als die Rückwendung auf sich selbst zu verstehen, die durch das leidenschaftliche Verhaftetsein mit der Subjektivation vollzogen wird.

Sie versucht also den Zirkel mit Hilfe der Psyche zu durchbrechen. Jedoch will sie keinen ungezähmten Willen aufbeschwören, denn der Mensch soll die Psyche mit einbeziehen.

Diese Zirkelhaftigkeit ließe sich nun für sie klären, wenn man ihn aus logischer Sicht betrachtet, in Hinblick auf einer klaren Reihenfolge, als konstitutiven Zug (bildenden Teil) des schlechten Gewissens. Das Gewissen und die Rückwendung kann man also sehen als Figur sowie als Möglichkeitsbedingung der Figuration. Die Motivation für den Willen zur Rückwendung auf sich selbst, klärt sich, wenn man das Gewissen als unproblematische Verinnerlichung der Strafe betrachtet. Das Gewissen lässt sich also auf die Verinnerlichung der Erinnerungsspur an eine Strafe zurückführen.

Butler: Gewissen, nur Verinnerlichung der Strafe, nicht Gewalt; schlechtes Gewissen, Rückwendung gegen sich selbst

Foucault: Gewissen, führt mir Gewalt zu; Widerstand gegen das Gewissen führt mir ebenfalls Gewalt zu

Freud, der Narzissmus und die Reglementierung

In diesem Abschnitt weist Butler auf das Problem der sozialen Reglementierung hin, die Ihres Erachtens an der Ausbildung der Psyche und des Begehrens beteiligt ist. Für Butler stellt sich die Frage, wie die Kultivierung eines narzisstischen Verhaftetsein mit der Strafe das Mittel sein kann, dessen sich die Macht der sozialen Reglementierung als narzisstisches Verlangen nach Selbstreflexion unabhängig von deren Veranlassung bedient?

Für sie ist diese Denkweise unverständlich, da sie Gewissen wie bereits erwähnt nur als Verinnerlichung der Strafe definiert.

Ansatzpunkte findet sie bei Nietzsche. Nach ihm würde die Schuld als Versagen einer spezifischen Objektart fungieren, als Abweichung vom asktischen Ideal bezüglich des menschlichen Verlangens. Doch das menschliche Begehren bleibt weiterhin stets aufrecht erhalten.

Die Schuld fungiert hier als ein Verbot, aber das grundsätzliche Begehren bleibt erhalten.

Zitat S. 77:

„ Nach den Diktaten der Schuld (Verboten) also konnte der Mensch nunmehr Etwas wollen, gleichgültig zunächst wohin, wozu, womit er wollte: der Wille selbst war gerettet."

Freud hingegen vertritt eine andere Auffassung. Seiner Erachtens handelt es sich um eine Art libidinöses Verhaftetsein mit einem Verbot, wo das Ziel die Vereitelung der libidinösen Befriedigung ist. Bei ihm steht Verhaftetsein stets in Verbindung mit der Unterwerfung, welche das Subjekt formt und wo die Libido selbst zum Werkzeug ihrer eigenen Unterwerfung wird.

Der Begriff **Libido** (lat. *libido*, *libīdinis*, f. - Wollust, Trieb, Lüste, Maßlosigkeit) stammt aus der Psychoanalyse und bezeichnet jene psychische Energie, die mit den Trieben der Sexualität verknüpft ist. Libido steht also als Synonym zu sexueller Lust und Begehren.

Nach Freud lässt sich die Reglementierung verstehen, als eine lusthafte Beziehung zum Verbot , was den Zweck verfolgt, die Lust nicht zuzulassen. → Neurose, Zirkel, krankhafter Zustand

Die Lust am Verbot unterwirft die Lust, durch Lust am unterdrücken der Lust. →Lust am Verbot

Das Verbot erhält die Möglichkeit aufrecht weiter zu begehren→ Lust am Begehren, Lust am Nichtbekommen→Neurose

„ Die Begierde zu begehren ist eine Bereitschaft, genau das zu begehren, was die Begierde ausschließt" und wird im Prozess der sozialen Reglementierung ausgenutzt. Für Butler wäre dies eine traurige Bindung, wo unsere soziale Existenz nur darauf gründet, dass wir uns selbst unterwerfen. Nach dieser These könnten wir nur dann Lust empfinden, wenn wir uns was enthalten und nur das allein wäre unsere Daseinsberechtigung. Für Freud streben wir allen einem Ichideal nach, welches einen individuellen und sozialen Anteil hat. Am Beispiel der Homosexualität hat Freud das Streben nach einem Ichideal erläutert. Die Unbefriedigung durch Nichterfüllung dieses Ideals macht homosexuelle Lust frei, welche sich infolge dessen in soziale Angst , das Gewissen, verwandelt. Paranoia kann man sich hierbei als Liebesentzug vorstellen und diese Furcht vor dem Liebesentzug führt zur Sublimierung der Homosexualität.

Zu berücksichtigen ist dabei, dass Sigmund Freud unter Sublimierung eine Umwandlung oder Umlenkung von Triebwünschen in eine geistige Leistung oder kulturell anerkannte Verhaltensweise (Bereiche wie Kultur, Religion oder Wissenschaften) verstand.

Ideal nach Freud: Familie, soziale Integration….→ Homos können dies nicht erreichen

Seiner Meinung nach lässt sich Homosexualität erst durch Verleugnung dieser erreichen.

Zitat S. 78:

„Das Verbot des Begehrens ist dieses Begehren, wo es sich selbst zurückwendet, und diese Rückwendung wird zum Gründungsmoment, zum Tun dessen, was durch den Ausdruck „Gewissen" zu einer Entität , zu etwas Existierendem, Seiendem, gemacht wird."

Wechselwirkung, wird dann erst greifbar!

Das Gewissen als Angst vor sozialer Ausgrenzung, ist die Ursache des Triebverzichts. Im Verlaufe der Zeit verschärft jedoch das Verbot der Auslebung dieser Triebe das homosexuelle Begehren. Mit diesem Ansatz gelangen wir wieder zum Ausgangspunkt dieses Kapitels, zur Figur des Gewissens als Rückwendung gegen sich selbst, der zur Verneinung des Narzissmus gezwungen wird. Nach Butler führt Triebverzicht, den der Körper auf sich selbst ausspricht zu einer postmoralischen Geste, in Richtung einer Freiheit, wo die Werte der Moral in Frage gestellt werden.

Postmoral. Geste: Widerstand gegen sich selbst, Gewissen

Kapitel 3: _Subjektivation, Widerstand, Bedeutungsverschiebung_

Zwischen Freud und Foucault

Die Basis für die folgenden Erörterungen bildet die kritische Auseinandersetzung von Judith Butler mit den Theorien von Foucault und Jacques Lacan. Butler folgt Foucault zwar in seiner Bestimmung des Verhältnisses von Widerstand, Subjekt und Macht, kritisiert aber an ihm seine Vorstellung von der Psyche (als einkerkernde Seele) und fragt, wie eine psychische Form der Macht aussehen könnte. Sie richtet den Blick auf die Relevanz der Psyche und die Möglichkeiten des Widerstands gegen Normalisierung und Subjektformierung. Probleme sieht Butler an der Begrenztheit eines psychoanalytischen Verständnisses, nach dem das Unbewusste einen notwendigen Ort des Widerstands bildet.
Ihre Grundthese ist dabei, dass Widerstand aus „der Unvereinbarkeit von Psyche und Subjekt entsteht" . Bei Foucault kommt der Begriff der Psyche in seiner Machttheorie nicht vor. Butler machte es sich nun zur Aufgabe diesen Begriff aus der Psychoanalyse einzuführen und Anknüpfungspunkte bei Foucault zu suchen, um den Widerstand „zu lokalisieren oder [...] zu erklären"

Butler verdeutlicht Foucaults Verständnis von Subjektivation anhand des Buchs „Überwachen und Strafen", in dem Foucault den Prozess der Subjektivation am Beispiel der Haft beschreibt.

Definition der Subjektivation nach Foucault:

Zitat S. 82
Diese ist „weder einfach Beherrschung, noch einfach Erzeugung eines Subjekts, sondern bezeichnet [...] eine Restriktion, durch welche diese Hervorbringung sich erst vollzieht" .

Ohne Gewalt kein Subjekt, ohne Subjekt keine Widerstand.

Subjektivation ist nach Foucault die Erschaffung eines Subjekts, eine produktive Macht, die die Subjekte unter Zwang der eigenen Reglementierungsprinzipien formt.
Diese Restriktion (Widerstand), ohne die das Subjekt überhaupt nicht hervorgebracht werden kann, ist Butlers Ansatzpunkt, ihr stellt sie die „Psyche im psychoanalytischen Sinn" (vgl. 83) entgegen, deren unbewusster Teil dieser Restriktion widerstrebt.

Die Unterwerfung des Häftlings erfolgt demzufolge nicht nur durch die räumliche Gefangenschaft, sondern auch die „Seele" wirkt wie ein Gefängnis. Unter „Seele" fasst Foucault nach Butlers Ansicht eine Art psychischer Identität, die dem Häftling als normatives Ideal eingeprägt wird. Demnach erscheint bei Foucault Identität als totalisierende, „den Körper einkerkernde Seele." Der Gefangene wird „zum Prinzip seiner eigenen Unterwerfung."

Dieses foucaultsche Verständnis von „Seele" als „Gefängnis des Körpers" problematisiert Butler als eine Reduzierung des Begriffs der Psyche auf ein von außen einrahmendes und normatives Ideal.

Zitat S. 84:
„Die Überführung der Seele in einen äußerlichen und verkerkernden Rahmen des Körpers entleert gleichsam das Innere des Körpers und macht dieses Innere zu einer bloßen geschmeidigen Oberfläche für die einseitigen Einwirkungen der Disziplinierungsmacht."

Butler übt psychoanalytische Kritik an Foucault, denn für sie lässt sich das Prinzip der Subjektivation „ohne die psychoanalytische Erklärung der formativen oder generativen Wirkung von Retriktion oder Verbot nicht verstehen."
Auch die Behauptung, wonach der Wiederstand gegen die Normalisierung einen ungezügelten sozialen Rest erzeugt, der im Gegensatz zum gesetzestreuen Subjekt steht, wird von ihr aufgegriffen.
Für Butler besitzt dieser psychische Rest nicht die Macht, die disziplinierenden Verbote der Normalisierung zu ändern.

Der psychische Rest will nicht die Norm verändern, sie nur unterlaufen.

Zitat S. 85:
„Das Verbot zur Erzeugung eines gezähmten Körpers zu unterlaufen, bedeutet nicht das gleiche, wie dieses Verbot aus der Welt zu schaffen oder die Bedingungen der Subjektkonstitution zu verändern."

Gleichzeitig leistet also das Unbewusste Widerstand gegen die Normalisierung und ist nicht in der Lage eigene Normen zu formulieren (vgl. 85 f.). Butler versucht nun genau an dem Ort Widerstand zu denken, an dem die Norm in Frage steht:
Der psychoanalytische Widerstand des Unbewussten verunmöglicht eine statische Norm, da er gegen sie wirkt, und ist damit Ausgangspunkt für eine notwendige permanente Reformulierung der Normen, die für Butler wiederum genau die Angriffspunkte für aktiven Widerstand bieten (vgl. 95).(Verbotene Früchte)
In Foucaults Theorie hingegen ist dieses opponierende Unbewusste, welches ständig rebelliert, allerdings nicht ohne Weiteres einzuarbeiten, da der Begriff

der Psyche bei ihm „auf die Operationen eines von außen einrahmenden und normativen Ideals" (84) reduziert ist.
Das Subjekt selbst stellt eine Unmöglichkeit der Widerständigkeit dar.

Das Subjekt, als Ergebnis der Subjektivation, die zugleich Einrahmung, Unterordnung und Reglementierung des Körpers bedeutet, kann also nicht widerständig sein, da Subjektivation notwendig ist, um lebensfähige Subjekte hervorzubringen, was später als das „Verhaftetsein mit der Unterwerfung" (S. 98 oben) bezeichnet wird. So kann einzig und allein im Prozess der Subjektivation selbst Widerstand gedacht werden.

Nach Foucault werde ich zum Subjekt, wenn mir Gewalt angetan wird. Nach Butler tue ich mir durch das schlechte Gewissen Gewalt an→ Bin Subjekt und Überwache

Für Foucault sind es der „Gegendiskurs" und eine „diskursive Komplexität" , die herrschende Diskurse subvertieren können. Butler stimmt mit Foucault darüber ein, dass Widerstand sich nicht außerhalb der Macht befindet oder dem Imaginären zu zuordnen ist. Vielmehr erscheint Widerstand als „Wirkung der Macht, als Teil der Macht, als ihre Subversion."(S. 89)

Der psychische Rest kommt erst bei der Restriktion zum Vorschein.

Auch bei Foucault findet sich somit nun eine Möglichkeit des Widerstandes in der Verfehlung einer Norm, ähnlich dem widerständigen Unbewussten, das gegen eine Norm rebelliert. Macht ist demnach nicht etwas, das dem Subjekt von außen auferlegt wird, sondern das Subjekt ist vielmehr in besonderem Maße von ihr abhängig. Mit dem Begriff Subjektivation verweist Butler auf eine Macht, die das Subjekt sowohl erzeugt, als auch unterwirft. So bezeichnet Subjektivation (assujettissement) „sowohl das Werden des Subjekts wie den Prozess der Unterwerfung – die Figur der Autonomie bewohnt man nur, indem man einer Macht unterworfen wird, eine Subjektivation, die eine radikale Abhängigkeit impliziert." (S. 81, 82 oben)

Aus Angst um das Subjekt fragt Butler nun nach den Folgen einer gescheiterten Subjektivation und untersucht dieses Scheitern anhand der Interpellation von Althusser (S. 91):
Am Beispiel des Polizisten bei Althusser , der auf der Straße ruft: „He, sie da!", wird angezeigt, dass dieser Ruf denjenigen konstituiert, an den er gerichtet ist.

Ruft eigene Subjektivierung hervor, obwohl viele mit dem Ruf aufmerksam gemacht werden.

Zitat S. 91
„Es handelt sich klar um eine Disziplinierungsszene; der Ruf des Polizisten ist
der Versuch, jemanden zur Ordnung zu rufen." → Gewalt

Im Prozess der Anrufung, die über einen Namen verläuft, der sich meist auf eine
gesellschaftliche Kategorie bezieht, wird das Subjekt zeitweise in seiner
jeweiligen Situation totalisiert. Im Buch Seite 92 wird dies am Beispiel der
Anrufung als Frau, Jude, Schwuler beschrieben, wo meistens mit einer Reaktion
gezögert wird. Diese Möglichkeit der Nichtanerkennung wird bei Althusser in
Anknüpfung an Lacan als den Bereich des Imaginären bezeichnet.
Das Imaginäre definiert nach Lacan „die Unmöglichkeit der diskursiven, d. h.
symbolischen, Konstitution der Identität. Was die Identität nicht ordnen kann,
erscheint im Imaginären als Unordnung, als Schauplatz, auf dem die Identität
bestritten wird.

Der Bereich der möglichen Nichtanerkennung und des „Scheiterns" der Identität
ist also das Imaginäre, das dem Unbewussten entspricht (93). Das
psychoanalytische Scheitern hat allerdings das schon erwähnte Problem:
Sein „Widerstand ist [...] in einem Bereich angesiedelt, der praktisch keine
Macht hat, das Gesetz zu verändern, zu dem er in Opposition steht" (S. 94).
Die Lösung dieses Problems der Psychoanalyse sieht Butler in Foucaults
Konzeption des Widerstandes als Effekt von Macht, die eben in der Konstitution
(Herstellung) des Subjekts, das „nur durch eine Wiederholung oder
Reartikulation seiner selbst als Subjekt Subjekt bleibt" (95), Angriffspunkte
bietet.

Butler stimmt Lacan zu: Unbewusste als Rebell; nach Foucault: Rebell will
Norm nicht ändern, nur unterlaufen, Wechselwirkung; nach Butler: psychisches
Problem

Zuletzt bearbeitet Butler noch die Frage, wie denn der Widerstand konkret
aussehen könnte. Foucault richtet sich laut Butler mit seiner Forderung, „neue
Formen der Subjektivität" zustandezubringen, nicht gegen eine Institution, die
ein gegebenes Individuum zur Zielscheibe ihrer Unterwerfungsabsichten macht,
sondern vielmehr gegen einen bestimmten „Typ der Individualisierung", der die
Totalisierung des Individuums durch staatliche Institutionen bewirkt.(S. 96/97)

Die „merkwürdige Form der Konservierung" (99) des Subjekts entsteht aus der
Dialektik von Verbot und Begehren, die das erwähnte Verhaftetsein mit der
Unterwerfung aus psychoanalytischer Sicht erklärt. Hier wendet sie sich am
entschiedensten gegen Foucaults Auffassung, dass die Psychoanalyse von einer
Äußerlichkeit des Gesetzes ausgeht. Da das Subjekt einem gewissen Narzissmus
unterliegt, ist es gezwungen selbst die verletzendste Anrufung, die ihm ein
„soziales Dasein" erst ermöglicht , zunächst anzunehmen. Die Möglichkeit des

Widerstandes liegt dann in der eigenen Reaktion auf die Anrufung, die in Permanenz ein Subjekt erzeugt.

Zum Ende des ersten Abschnittes benennt sie das Unbewusste der Macht als Ort für mögliche „Bedeutungsverschiebungen (100). Für Butler kann man die Macht verstehen, als Psyche des gesellschaftlichen Körpers.

Das Gewissen macht Subjekte aus uns allen

Subjektivation nach Althusser

Butler versteht Althussers Anrufung primär als die Übernahme einer Schuld und den damit verbundenen "Eintritt in die Sprache der Selbstzuschreibung" (S.101). Die Anrufung verlangt, sich dem Gesetz anzuschließen und sich ihm zu unterwerfen.

Der Angerufene hat nach Butlers Ansicht in Althussers Perspektive keine Chance, sich die Frage zu stellen, wer spricht/anruft und warum er auf den Anruf reagieren soll. Butler sieht hier eine "leidenschaftliche Komplizenschaft" des Individuums mit dem Gesetz. Das Ich muss, um sich dem Gesetz gegenüber kritisch verhalten zu können, akzeptieren, dass sein Begehren des Gesetzes die Grundlage seiner eigenen Existenz ist, wobei die Schuld im Prozess der Anrufung vorausgeht. Die "Hinwendung" ist die Bedingung der Subjektivation und entgeht ihr zugleich.

Nach Butler ist der Angerufene bereits Subjekt und reagiert aufgrund seines schlechten Gewissens auf den Ruf.

Die Interpellation setzt für Butler ein Gewissen in der Form einer allgemeinen Bereitschaft "Schuld zu akzeptieren, um Identität zu gewinnen" (S. 103) voraus. Althusseres Theorie leide daran, dass sie implizit religiöse Institutionen zum Paradigma der Ideologie mache. „Der Glaube selbst als institutionell reproduzierte Bedingung der Ideologie; und die trotzige Großschreibung von 'Familie', 'Kirche', 'Schule' und 'Staat'" (S. 104).

Althusser stellt die Stimme der Anrufung dar, als etwas, dem man sich fast nie entziehen kann und verbaut dadurch Butler den "aufgeklärten Weg aus der Ideologie durch deren Artikulation". Das paradigmatische Beispiel für die religiöse Anrufung ist die Taufe. Durch die Taufe erhält z.B. "Petrus" seinen Namen und seinen Ort, seine Identität ist gewährleistet durch Gott. Doch auch die Taufe setzt eine Bereitschaft des Individuums zur Annahme des Rufs voraus.

Zur Subjektwerdung gehört demnach eine der Subjektiverung vorausgehende Bereitschaft, sich anrufen zu lassen, d.h. es gibt eine Beziehung zwischen dem Individuum und der Autorität vor der Subjektivierung.

Butler ist der Ansicht, dass "man perverserweise vielleicht (immer schon) dem Gesetz" nachgegeben hat, um die "eigene Fortexistenz zu sichern" (S. 106f.) Für die Vorgeschichte des Subjekts steht bei Althusser das Individuum. Diese Voraussetzung steht für Butler in enger Verbindung mit der Reproduktion der gesellschaftlichen Beziehungen und damit mit der Reproduktion der Subjektivität selbst. Die Reproduktion der Arbeitskraft ist für sie zentral, da das Subjekt hier lernt, seine Aufgaben gewissenhaft zu erfüllen und sich damit ihrer zu entledigen. Butler fasst das Beherrschen von Fähigkeiten als Entschuldigung/Verteidigung des Subjekts gegenüber den Forderungen/Anschuldigungen (Anrufungen) der herrschenden Ideologie. Die Unterwerfung, der sich das Subjekt unterzieht, lässt sich als Versuch eines Unschuldsbeweises verstehen.

Das Erlernen von Fähigkeiten nach Butler, als Entschuldigung dafür, dass man das vorher nicht konnte. Wir unterliegen einem inneren Bedürfnis (Naturgesetz), was uns veranlasst, uns Gesetzen zu unterwerfen.

Ein "Subjekt" werden heißt somit, für schuldig gehalten, vor Gericht gestellt und für unschuldig erklärt worden zu sein. Da dieser Spruch nun kein Einzelakt ist, sondern ein unaufhörlich *reproduzierter* Status, heißt "Subjekt" werden, permanent damit beschäftigt zu sein, sich eines Schuldvorwurfs zu entledigen. (S. 112)
Das Beherrschen von Fähigkeiten bedeutet das Verkörpern von Regeln im eigenen Handeln und damit die Reproduktion dieser Regeln.

Wenn ich eine Fähigkeit erlerne, halte ich sie somit aufrecht.

Ähnlich wie Dolar begreift Butler diese Form der Reproduktion nicht behavioristisch oder voluntaristisch,sondern in der performativen Wiederholung entsteht eine Überzeugung, die in die Durchführung integriert wird. Die entscheidende Frage für Butler lautet:
"Läßt sich nun die psychische Dimension dieser rituellen Wiederholung von den 'Akten' trennen, die sie immer aufs neue beleben?" (S.113)
Gegenüber Dolars Interpretation der Theorie Althussers erhebt sie den Vorwurf des Idealismus,da dieser darauf bestehe, dass Althusser nicht in der Lage sei, die Psyche zu erklären und auf der Trennung von Psyche und gesellschaftlicher Praxis insistiere. Diese Insistenz verstärke die religiöse Metaphorik des althusserschen Textes und laufe auf eine Idealisierung der Psyche hinaus, die damit einen seelenartigen Status erlange (S.113).
Wie weiter oben dargestellt, beharrt Dolar auf einem Rest, der dem Mechanismus der Anrufung entgeht, der sich nicht subjektiveren lässt. Diesen Rest bezeichnet Dolar etwas unglücklich als eine Art "präsubjektive *materia prima*", die nicht aufhört, das Subjekt heimzusuchen. An diesem Begriff richtet Butler nun ihre Kritik aus, da Dolar damit Althussers gesellschaftliche

Erklärung der Materialität bestreite. Im Sinne Althussers ist Dolars *materia prima* immateriell, da sie sich nicht in gesellschaftlichen Praxen und Ritualen verkörpert. Für Dolar sind die Anrufungspraxen eine Möglichkeit, diesen Rest zu umgehen, ihn auszublenden, also schlicht eine Schließung zu ermöglichen. Butler interpretiert Dolar nun so, als ob es ihm darum ginge, die Distinktion zwischen dem Symbolischen (dem Gesellschaftlichen) und dem "Bereich des Psychischen, der ontologisch vom Gesellschaftlichen unterschieden und definiert ist als der Rest, den der Begriff des Gesellschaftlichen nicht mehr berücksichtigen kann" (S. 114), zu vertiefen.

Kritik: Nach Butler/ Althusser ist die Subjektivation ein rein imaginärer Vorgang, wo es keinen Rest außerhalb des Subjekts gibt, sondern nur in uns selbst befindet sich ein Rest, der sich nicht subjektivieren will.

Dolar betrachte die Subjektivität als eine innerliche Instanz und das dem Subjekt Äußere als materiell. Althusser dagegen verstehe die Subjektivität "als gelebte und imaginäre Erfahrung des Subjekts" (S. 115), die gebunden ist an die die Subjekte konstituierenden Rituale.
Der von Dolar beschriebene Rest, der der Symbolisierung entgeht, der Fels, an dem alle Versuche der vollständigen Symbolisation letztlich scheitern, ist das lacansche Reale. Butler verschiebt in ihrer Interpretation Dolars Begriff des Restes, indem sie ihn als "Kern der Innerlichkeit" (Rest) (S. 115) bezeichnet und den von Lacan und Dolar gewählten Begriff der Ex-timität vermeidet.
Butler wirft Dolar vor, dass er in seiner Interpretation von einem zustimmenden Subjekt vor der Subjektivierung, vor dem Vollzug des Rituals, ausgehe. Dieses Subjekt muss der Subjektwerdung als Bedingung vorausgehen. Der damit verbundene Zirkel ist unübersehbar. Sie stellt die Frage, ob es ein Fehler Althussers gewesen sei, kein Subjekt vor der Subjektivierung anzunehmen oder ob das Auslassen einer solchen Instanz, wie schon weiter oben ausgeführt, der Unmöglichkeit der Narration der Subjektbildung geschuldet sei.
Die Grammatik der Narration von der Subjektbildung setzt voraus, daß es den grammatischen Platz des Subjekts bereits gibt. In wichtiger Hinsicht ergibt sich also die von der Narration erforderte Grammatik erst aus dieser Narration selbst. Die Darstellung der Subjektbildung ist somit eine doppelte Fiktion, die ihren eigenen Zwecken zuwiderläuft und immer wieder symptomatisiert, was der Narration entgeht. (S. 117)
Butler leitet daraus ab, dass das Subjekt nicht an den Sinn seines Sprechens und Handelns glauben muss, sondern nur daran, dass dieses Sprechen und Handeln "Sinn in und durch die Artikulation" erhält.
In Butlers Lesart erhebt Dolar einen theologisch gefärbten Einwand gegen Althussers Reformulierung des Begriffs der Materialität. Materialität sei in der Definition Althussers zu umfassend und lasse keinen Platz für das, was sich nicht symbolisieren lässt. Butler bezieht sich auf Dolars Einwand, dass Althusser die Nichtmaterialität des Anderen, der symbolischen Ordnung, durch

seine Rede von der Materialität von Institutionen und Praxen verdecke. Für ihn liegt gerade deshalb die Liebe jenseits der Anrufung, weil sie durch ein immaterielles Recht als erzwungen aufgefasst wird. Den wiederholenden Akt der Liebe, kann man nach Butler auch als Ritual bezeichnen, weil wir uns Ihres Erachtens in der selben Weise verlieben, wie wir niederknien und beten. Das Gewissen, der Anrufung des Polizisten zu folgen, scheint Ihrer Meinung nach getrieben von der Liebe zum Gesetz, die nur durch rituellen Bestrafung befriedigt werden kann. Für Butler kann deshalb diese Liebe nicht jenseits der Anrufung liegen, sondern bildet vielmehr den leidenschaftlichen Zirkel. Die Existenz des Subjekts kann nicht ohne leidenschaftliche Verhaftung mit dem Gesetz gewährleistet sein (Althusser). Nach Nietzsche würde das einer Sklavenmoral entsprechen, wobei er jedoch betont, dass es besser sei auf diese Weise versklavt zu sein als überhaupt nicht zu sein.

Zitat S. 123:

„Ein solches Scheinterm der Anrufung mag sehr wohl die Fähigkeit des Subjekts untergraben, in einem selbstidentischen Sinne zu sein, aber es kann auch den Weg in eine offenere, ethischere Art zu sein weisen, ein Sein der Zukunft oder für die Zukunft."

Melancholisches Geschlecht/ Verweigerte Identifizierung

Freud, Trauer und Melancholie, Das Ich und das Es

Die weiteren Stationen von Butlers Argumentation führen an den Auffassungen des schlechten Gewissens bei Nietzsche und Freud vorbei, an Gemeinsamkeiten und Differenzen zwischen letzterem und Foucault sowie an Althussers Theorem der Anrufung. Schließlich entwickelt Butler anhand von Freuds Schriften "Melancholie und Trauer" und "Das Ich und das Es" die so originelle wie plausible These, dass Geschlechtszugehörigkeit als eine "Art von Melancholie" oder als eine der "Wirkungen von Melancholie" zu interpretieren ist. Die vorherrschenden "starre[n] Formen der Geschlechtszugehörigkeit und der sexuellen Identifizierung" fasst sie als "Folgeformen der Melancholie" - und zwar unabhängig davon, ob die sexuellen Präferenzen hetero- oder homosexuell sind. Damit sind die wichtigsten Stationen von Butlers Argumentationsgang genannt.

Vielleicht ist Liebe eine rituelle Praktik und sie entsteht durch wiederholte Ausübung? Das fragt Judith Butler in der vorliegenden Studie, die Auswege aus einer melancholische Sackgasse skizziert. Butler geht davon aus, dass das menschliche Subjekt keinen festen Kern besitzt, sondern durch Wendungen der

"Subjektivation" gebildet wird. Ein Beispiel für Subjektivation ist die Alphabetisierung: Wer schreiben lernt und den schriftlichen Ausdruck beherrscht, wird zugleich ein Beherrschter, der von den Regeln der Grammatik gelenkt wird. Butler präpariert den Moment, in dem Grenzen zwischen Innerlichkeit und Äusserlichkeit gesetzt werden. Dieser Moment wird im fünften Kapitel, das "Melancholische Geschlecht/Verweigerte Identifizierung" am Beispiel homosexueller Bindungen verdeutlicht.

Die Melancholie ist eine Trope, denn sie verwandelt ein kernloses Wesen, in eines, das zwischen richtiger und falscher Liebe unterscheidet. Diese Unterscheidung sei Produkt einer heterosexuellen Züchtung: "Die Heterosexualität wird durch Verbote herangezüchtet und eines der Objekte dieser Verbote sind homosexuelle Verhaftungen, deren Verlust damit erzwungen wird". Die Abwendung vom eigenen Geschlecht gehe der Hinwendung zum anderen voraus, und in dieser Logik entstehe Identität durch Absage. Schwule und Lesben bilden deshalb ein Ärgernis für Heterosexuelle, weil sie die Regel der Absage in Frage stellen. Aber nicht homosexuelle Neigungen seien fragwürdig, sondern vielmehr der Prozess der Subjektbildung durch Abwendung. In eine Sackgasse geraten nach Butler auch Homosexuelle, die auf einer spezifisch schwulen oder lesbischen Identität beharren, denn sie ahmen schlicht den Kohärenzanspruch der heterosexuellen Melancholiker nach. Die Melancholie birgt ein Potential an Auflehnung. Erst wenn es gelingt, sich auf dem Prozess des Trauerns um Verluste einzulassen, dann wird die Furcht um die Erschütterung der eigenen Position vermindert: "Überleben kommt nicht zustande, weil ein autonomes Ich in der Konfrontation mit einer widerständigen Welt seine Autonomie ausübt, ganz im Gegenteil kann ein Ich gar nicht ohne den belebenden Bezug zu einer solchen Welt entstehen. Überleben ist eine Frage des Eingeständnisses der Verlustspur, aus der man selbst hervorgegangen ist". Die Gender-Forschung Butlers erweist sich erneut als eine Methode, Relationen statt Substanzen zu denken. Das will geübt sein und das kann man mit Butler üben, wenn man mit ihr Fragen bedenkt, anstatt Ritualen der Ausgrenzung zu folgen.

So ist für Butler Identität (Mann/Frau, hetero- oder homosexuell) nicht etwas, das man einfach hat, sondern etwas, das durch wiederholtes Tun verwirklicht wird. Dies geschieht nicht zuletzt durch "performative Sprechakte", also sprachliche Äußerungen, die Handlungen nicht so sehr beschreiben als vielmehr vollziehen. Ein Beispiel: Die Aussage „Es ist ein Mädchen" nimmt in diesem Kontext den Charakter einer sozialen Tatsache an. Dem Körper wird ein Geschlecht zugeordnet (also in diesem Beispiel Mädchen) und das „ES" wechselt also zum „SIE". Die Performativität der Aussage besteht in den Wiederholungen und Handlungsweisen.